Pasar inadvertido

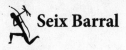 **Seix Barral**

Benito Taibo
Pasar inadvertido

© 2022, Benito Taibo

Diseño de portada: Planeta Arte & Diseño / Anilú Zavala
Ilustración de portada: Nuria Mel
Fotografías de portada: iStock / Rawpixel
Fotografía del autor: Blanca Charolet

Derechos reservados

© 2022, Editorial Planeta Mexicana, S.A. de C.V.
Bajo el sello editorial SEIX BARRAL M.R.
Avenida Presidente Masarik núm. 111,
Piso 2, Polanco V Sección, Miguel Hidalgo
C.P. 11560, Ciudad de México
www.planetadelibros.com.mx

Primera edición en formato epub: octubre de 2022
ISBN: 978-607-07-9368-4

Primera edición impresa en México: octubre de 2022
ISBN: 978-607-07-9398-1

Impreso en los talleres de Litográfica Ingramex, S.A. de C.V.
Centeno núm. 162-1, colonia Granjas Esmeralda, Ciudad de México
Impreso y hecho en México – *Printed and made in Mexico*

Nota necesaria

Comencé a escribir poesía muy joven, o bueno, eso que yo pensaba era poesía.

Un remedo, un intento, una apuesta aparentemente suicida en un hogar de narradores.

En casa de mis padres se decía poesía en voz alta a la menor provocación, así que antes de entrarme por los ojos, llegó primero a mis oídos. Y debo decir que fue un enorme privilegio, y un gozo permanente. El Siglo de Oro, la Generación del 98 y la del 27, la poesía social, el estridentismo, Los Contemporáneos.

El único requisito es que fuera buena. Y lo era. Esa poesía salida de la boca de Paco Ignacio y Maricarmen, a los que tanto debo, me cambió la vida para siempre.

Y así, fui sorprendido, arropado, estremecido, llenado con la magia de las maravillosas palabras. Y dos grandísimos poetas amigos, Ángel González y Luis Rius, se volvieron mentores y guías en este camino, a ellos debo el oficio, y espero no haberlos defraudado.

De esta manera, a los 16 entré al taller del maestro Carlos Illescas y fui apaleado (metafóricamente) por mis contemporáneos. Y ese ejercicio logró curtir mi pellejo y mis palabras para hacerlas cada vez más concretas, para no desperdiciarlas, para evitar los malabares estilísticos.

Aprendí montones del queridísimo José Emilio Pacheco, que escribía con la goma de borrar, y alguna vez hice pasar por mío un poema de Jaime Sabines y se lo confesé, y se rio y brindó ruidosamente. Juan Gelman tuvo la inmensa deferencia de escribir un pequeño prólogo para alguno de mis libros.

He conocido a montones de poetas, ellas y ellos, y de todas y todos he logrado guardar un trozo de su alma.

La poesía me ha acompañado toda la vida, sé bien que es el alambique de las palabras y siempre estoy deseando que los que están a mi alrededor sean iluminados por ella.

Los textos que aparecen en este libro fueron escritos entre 1978 y 2022 y no son todos los que escribí a lo largo de mi vida; varios desaparecieron, me robaron otros de una mochila, algunos se perdieron en un naufragio y otros eran tan malos que fueron quemados por mi propia mano.

Los que llegan hasta tus manos fueron parte de tres libros: *Recetas para el desastre*, editado por Fritz Glockner en la ciudad de Puebla en 1982, que confió en mí con los ojos cerrados y la inconciencia a flor de piel, y nos fue muy bien; *De la función social de las gitanas*, editado por la UAM en 2002. Y otros que, reunidos por Imelda, integraron un libro muy personal que ella misma editó con la familia y el concurso de maravillosos cómplices en 2010, llamado *Escritor y sin embargo amigo*, y que sirvió para regalar de sorpresa en mi cumpleaños número 50.

Carmina Rufrancos y Gabriel Sandoval son impulsores espléndidos de este libro.

Sin duda debo mucho a muchos. Y lo agradezco siempre.

Este libro está dedicado a Mely, como todos y por razones obvias.

Y algunos poemas tienen su propia dedicatoria personal.

Los abrazo fuerte.

Se trata, pues, solamente, de intentar con palabras no pasar inadvertido.

RECETAS PARA EL DESASTRE

Naufragios

Vecino de la muerte a todas horas.

Jaime Sabines

Para Juan Carlos Canales.

Ya no hay nada mejor
que naufragar.
Que no haya tierra firme
bajo nuestras pisadas.
Que no se sepa nunca
de nuestras coordenadas
ni de los paralelos,
ni de los meridianos.

Ya no hay nada mejor
que encontrarse en el barco
cuando el naufragio llega;
nos invade una calma
feroz
la lluvia y luego nada.

Mientras las olas entran
en nuestros camarotes
bebemos una copa en el bar
y contamos cómo nos fue
en otros tiempos
en otros naufragios.

Y pensamos
—en voz alta—
que debe ser terrible
y aburrido
mirar la tempestad
desde un puerto de abrigo.

Destino manifiesto

Tú ya no puedes volver atrás.

J. A. Goytisolo

Ya sé quién soy,
                 aunque
—para decirlo bien—
me ha costado trabajo
el descubrirlo.
Yo soy lo que se llama
destino manifiesto
y es como estar condenado
a llegar siempre tarde
o demasiado pronto
a todos lados.
Equivocarse siempre de lugar
pensar que algo se hizo
y que tan solo fue un sueño
amar en desamor.

Aquí,
aquí seguro
es el infierno.
Yo soy el inmortal que sabe
que el pacto con el diablo
no fue bien redactado.

Que hay alguna cláusula
en letra menuda que dice:
«tendrías que morir todos los días».

Lo único
que nos puede salvar del horror
de la muerte
de la desesperanza
es la locura,
el saber que podemos volar
traspasar las paredes
besar las horas
escribir en el agua.

Lo único
que nos puede salvar
de la soledad
es la nostalgia.

Quemar las naves

Si nos encuentra el día
mejor que sea desnudos,
fumando el cigarrillo
de después del amor.

Hay que dejar que encuentre
un montón de ropa sucia
al lado de la cama,
y los vasos vacíos,
y las sábanas llenas
del último temblor.

Si nos encuentra el día
será mejor que nos encuentre
juntos
respirando
un aire igual,
besando el mismo beso.

Será mejor que cuando llegue el día
sea de día, porque
si por casualidad
llega la noche
estaremos
empeñados los dos
en encontrar el sol.

Biografía para un desenlace

Y la carta jamás te llegará.

Nazim Hikmet

Intentaré contarlo
de la forma más simple
en que puedan ponerse
las palabras.

Un día cualquiera
de un lugar cualquiera
por casualidad —diría—
un cuerpo y otro cuerpo
se encuentran,
un hombre y una mujer
se determinan.

Una mente y la otra
calculan,
hacen recuento
de viejos compromisos,
de noches en vela,
de regalos que quedaron
en una esquina
sin desenvolver.

Y así
apenas sin querer
se encuentran detenidos
por el mismo lecho,
bajo las mismas sábanas
torpemente encajados
en costumbres iguales,
atrapados en los
«mi amor»,
«mi vida»
«al rato paso».

Y no pasa un momento
y sí los días,
las estrellas
y mares diferentes
de ciudades iguales.

Estaciones de tren
jugando al escondite,
reconociéndose,
haciéndose un poco
espejos de sí mismos.
Cuando de pronto
un día cualquiera
por la misma casualidad
los dos,
él y ella,
tienden a desencontrarse.

Y entonces
no sirven para nada
las palabras.

La razón del equilibrio

Para solo morir, tenemos
que morir a cada instante.
César Vallejo

Si hubiera que medirse
de corazón a corazón,
de labio a labio
de esta entraña profunda
hasta otra entraña.

Si hubiera que tener
alguna regla de oro; de metal, quizás,
que pudiera medir
el dolor inflamable
donde fundimos los martes
cada octubre.

Si hubiera que poner
uno tras otro
uno sobre otro,
el montón de recuerdos,
el sudor,
sábanas blancas
cigarros
después del amor
y en vísperas del trueno.

Si hubiera que juntar
el huracán
el remolino
el fuego
las pasiones.

Me encontrarías entonces
recorriendo otra vez
las líneas que ahora escribo,
poniéndole más fe,
haciéndome igual
y diferente.

Para irse

No sé qué hacer
con tus libros guardados,
con tus noches,
con el perro —insistente—
buscándote debajo de la cama,
con tus caras de amor
que pese a todo
no eran de amor
sino de guerra.

Queríamos vivir
para vivirnos,
un huracán con nombre
y apellidos.

No sé qué hacer
con el mensaje en francés
que dejaste escrito
en el espejo
y que no entiendo.

Con calma anterior
al desenlace,
con la música extraña
que te busca
entre las primeras palabras
y las últimas.

Me estoy de repente
convirtiendo
en una perfecta
zona de desastre.

Aurora

Y los sueños, cine son.

Luis Eduardo Aute

Aurora se quedó
con la mirada fija
quién sabe en qué lugar;
queriendo con la boca
soltar las últimas palabras
queriendo con las manos
aferrarse,
como si pudieran,
a cualquier punto de apoyo;
pero no hubo al final
ni ancla
ni cimiento posible
ni siquiera sol,
era de noche.

De Aurora quedó
(dicen que vieron) un pantalón
una chamarra
un tubo escarlata
para pintarse los labios
y de escarlata
también quedaron los asientos.

De escarlata profundo
y reprimido antes
por un sinfín de arterias
venas
músculo
aromas.

Pinche inventario
como para llevarse
consigo hasta la tumba.

Aurora el viernes por la noche
me besó quedamente
con un rozón apenas,
como roza el viento
las ventanas.

Nadie de allí recuerda haberla visto,
nadie podría jurar
si se fue sola
si iba borracha
si se peleó con Luis
si tenía el pelo negro
los ojos grises
o la piel bronceada.

Nadie predijo
que tuviera intenciones de viajar
a esas horas
hasta la casa de Juan
en Cuernavaca;
ni tan siquiera Juan
que junto a mí
la vio subir
lentamente a un coche
mientras los faros
rompían la sombra
en mil pedazos.

Aurora se llevó de aquella vez
un aliento sutil
una sonrisa,
una fugaz mirada
de alguno de los nuevos.

Nos enteramos después
que a 120 kilómetros por hora
(dijeron los peritos)
difícilmente
se puede, después de golpear,
salir de aquel montón de escombros
que alguna vez
fueron pared.

Laura fue la única capaz
de abrir el ataúd,
como esperando encontrar
a Aurora
levantándose
haciendo muecas
tirando un rollo sobre historia
pidiendo de fumar.

Para encontrarse de pronto
con un montón de huesos,
de basura
de trozos de piel
pegados a la ropa.

Entonces entró el Mar
y se la llevó envuelta
dándole un poco de arena
como carne,
un poco de algas
como pelo,
un poco de corriente
como sangre.

Y desde entonces
desde aquella noche feroz
de un viernes de febrero
nos volvimos todos pescadores
para ver
si podíamos
alguna vez
con una red
recuperarla
y regresarla.

Salvamentos

A toda acción corresponde
una reacción. Dicen...

Cumpleaños 1

Es un tiempo terrible
nuestro tiempo;
un tiempo en que buscamos
locos la memoria
de otros días más afortunados.

Tiempo de afilar los cuchillos
y los sueños,
de preparar las frases
que otro tiempo después
recordarán los hijos,
tal vez nadie.

Cumpleaños 2

Sé que estoy creciendo,
hay partes de mí
que nunca habían dolido,
que ni siquiera
sabía
que existían.

Sé que estoy cambiando
con el aire
con las puestas del sol
con las noches en vela
con las páginas blancas.

Sé que estoy andando.
Las huellas
difícilmente mienten.

Cumpleaños 3

Si yo pudiera repetirme
tal vez
haría lo mismo,
beber la misma cantidad de ron,
fumar los cigarrillos que fumo
nunca dormir antes de la madrugada.

Amar a las mismas mujeres que tuve
y me tuvieron.

Probar las mismas cosas
repetir los países,
no usar reloj
ni traje
ni corbata.

Me haría también
de los mismos amigos,
compraría flores,
me tiraría del techo de la casa
hacia el agua.

Diría te amo,
estaré para siempre,
leería los mismos libros
y cantaría, seguro,
las canciones que canto.
Si me pudiera repetir
tal vez,
por lo menos un rato.

Cronología

En una playa al sur
mientras el día
jugaba con las nubes
—de esto tiempo hace ya—
encontré a una mujer
viendo las olas,
esquivando la espuma
condecorando su cuerpo
con los rayos de luz.

Me miró,
bajó la vista
tendió una mano al aire
esperando mi mano.

No eras tú,
pero tenía la sonrisa igual
el mismo pelo
los ojos verde olivo.

Nos sentamos
pidió la bebida de siempre,
me contó de tu miedo
a las profundidades
de tu hermana menor
de tus enormes deseos
de vivir.

Caminamos entonces
(como lo hicimos siempre)
tomados de la mano,
fumando
asombrándonos
de las múltiples cosas
que pasaban.

Hicimos el amor
en el piso 14 de un hotel
recién inaugurado;
nos quedamos dormidos,
despertó,
me llamó por mi nombre,
mostró la cicatriz
de la herida
que te hiciste de niña.

Su sombra recortada
era tu sombra
era la tuya esa forma de dormir
su voz no era su voz.

De repente se fue
mientras amanecía
y no puedo creer
que fueses tú
si tú te fuiste igual
hace mil años.

De exilio

Para mi hermano Carlos.

Tengo un hermano menor
que me mira asombrado
desde el otro lado de la casa.

Con el pelo caído por la frente,
con su novia menuda y silenciosa,
con sus discos de rock
que no acabo de poder descifrar.
Con sus amigos vándalos que pintan
las paredes de la escuela
y se van a las fiestas
como la familia Burrón,
apretujados todos,
abrazados todos
compartiendo todos
el último cigarro.

Recomienzo:
Tengo un hermano menor
que tiene más hermanos,
que cantan canciones de amor
y las de guerra a veces,
y a veces se callan
y descubren que el exilio
no es fácil para ellos.

Que son parte del exilio
de su propio exilio
de la brecha generacional
que afortunadamente existe.

Último intento:
Tengo un hermano menor
también tengo una historia
que no empieza hoy,
que empezó
con el primer grito
del exilio.

La caja del futuro

Te encontré otra vez
atisbando la caja
del futuro,
leyendo el aire
besando al tiempo
buscándote a ti misma
en un curioso laberinto
hecho de mañanas.
Te hago la pregunta de rutina:
¿Me quieres?
No contestas
y sigues absorta
en el mismo lugar de ayer,
me acerco y miro
viéndome
aquí mismo,
buscándote
encuentro tu ropa,
tu casa
tu cama
y mi poesía colgada en las paredes.
Lo descubrí y supe que te habías perdido
en la caja del futuro
entré...

Mujer

Esta mujer no existe
jamás la inventó nadie
jamás prescindió nadie
de una costilla
o un deseo.

Esta mujer
me viene
de tarde en tarde
a la memoria
haciéndome crecer
en medio del silencio.

Jamás pretendí
irme
ni llevarme conmigo
las palabras.

Esta mujer
me convirtió
en un ancho camino
de derrotas
y me cambió el día,
la noche se está poniendo clara.

Ella

Ella tiene el pelo rojo
y una bisabuela liberal,
un apellido extraño
y europeo.

La soledad
que la acompaña
se acomoda de pronto
adentro de mi vida.

Tiene un mar de tiempo
al centro de la sangre
y las olas le rompen
en los dedos.

Tiene atardeceres
de principios
en que quiere
teñirse las palabras
y ser otra.

Tiene una complicada
colección de madrugadas
que le dan
un aire fugaz
imperceptible.

Que difícil ser dios

Nadie
nunca va a creer
que esto
que nos está pasando
es solo un sueño.

Que a la ciudad la hicimos
a nuestro antojo,
a imagen y semejanza
de otra ciudad
perdida en la memoria.

Que nosotros pusimos
el nombre de las calles
y decidimos
la cantidad de agua
que tendría que brotar
de las fuentes.

Que dijimos
las horas en que habría
atardecer
amanecer
volverse azul el cielo
o dorado el horizonte.

Que dimos la medida
del cuerpo
el pelo
el color de piel.

Que nos fuimos inventando
creciendo al ritmo de las horas.

Nadie
nunca va a creer
que esto que nos está pasando
es solo un sueño.

La cinta de Moebius

Sabíamos
que había
llegado el tiempo
de cambiarnos de cara
de casa
de sonrisas.

Porque la tarde
como antes
no nos llena
de costilla a costilla.

Hasta a los mismos juegos
los vemos diferente,
porque los besos
se nos mueren inciertos en la boca.

Porque ya no hay palabras
para contarnos nada.

Porque las olas
se volvieron fuertes
y los vientos normales,
huracanes.

Porque siempre hay infierno
para el desayuno
y en la cama
paisaje glacial
donde caen congeladas
las palomas.

Porque la rutina se volvió aventura
y de los libros de siempre
salen garras
dispuestas al ataque.

Porque la rabia invade
y cansa
y nos vuelve mayores.

Por todas estas cosas
hoy
más que nunca
te deseo.

La Mar desde La Habana

De todos modos yo soy otro.

Juan Gelman

Me quedaría ciego
de tanto ver la Mar,
las olas
quemarían mis pupilas
y la corriente anidaría
seguro
en las cuencas
de mis ojos vacíos.

Me quedaría sordo
de tanto oír la Mar
cuando hace el amor
con los peñascos,
o en el silencio
de sus aguas lejanas.

Me quedaría mudo
de tanto hablarle a Mar,
de tanto preguntarle
por mis gentes,
de tanto andar buscando
un naufragio seguro.

Me quedaría muerto
de tanto amar a Mar
y mi memoria
regresaría nadando
para contar a todos
de cómo Mar
es una dura compañera.

Diversas formas
de cantar

Bolero

Para el compadre Nacho Méndez.

Una mujer me mira
desde la ventana,
fumando un cigarrillo
y abrazando una almohada.
Y yo, desde aquí
abrazo mi memoria
exigiéndole un rastro
para dar con su rostro.

A esa mujer,
desde donde me planto
se le dibuja
una media sonrisa
en la ventana.
El autobús se fue
hace ya rato,
cuenta como rosario
las monedas
aquí no pasa nada.

En la misma ventana
una mujer igual
mueve los labios,
intento descifrar
si es canción
y solo son palabras.
Apaga la luz,
de nuevo un autobús
se nota a la distancia.

Subo
y lamento
no haber estado nunca
en Casablanca.

Hijos de amigos

Para Angélica y Juan,
poema a tiempo compartido.

Llevo ya muchos días
esperando
que a mis amigos
les dé por tener hijos.

Para verlos crecer
como geniales
y diminutos extraños,
para que me llamen tío.
Para contarles las derrotas
sufridas
por andar queriendo
ser
nosotros mismos.

Para verlos correr
con el corazón en la mano
esperando llegar
y no llegar nunca.
Para que puedan
al crecer decirnos
en cuántas
múltiples cosas
estuvimos impecablemente
equivocados.

Para que nos destrocen
y al final,
si acaso
nos extrañen...

De buen tamaño

Tienes sin duda
el tamaño perfecto
para envolver los días
de sonrisas,
para agarrar por la manga
de entre la multitud
un sueño.

Tienes sin duda
la sonrisa precoz
de los que saben todo,
de las noches de insomnio
abandonando en distintos
armarios
la melancolía.

Tienes sin duda
la palabra
para romper,
rasgar,
hacer del desierto
paraísos.

Tienes sin duda
el tamaño perfecto
para darte a crecer
bandadas de gaviotas.
Para
sin dar paso atrás
morirse
de tanta primavera.

El asesino cuenta

Poema policiaco en primera persona
para Mariángeles Comesaña.

Mañana empieza octubre
el paquete de cigarrillos
desvencijado
roto
investigado
por los cuatro costados
duerme ahora
el sueño de los justos.

Yo sé cuando la sangre es sangre
la siento
agolparse en la nuca
y bajar con un estruendo
de Mar
o de palomas,
acomodarse salvaje
al final de los dedos.

Yo sé cuando la noche es noche
un apetito feroz
de la luna nueva
me ayuda en la ceguez,
un olor en el aire
me ilumina.
Esperar,
la espera
el momento final,
ese es el bueno,
cuando la presa
reconoce al que aguarda;
cuando se queda inmóvil,
con un rictus de angustia
pegado entre los labios,
cuando la muerte
cesa de ser palabra
y se convierte
en sinfonía ejecutada
solo por los que saben
tocarla.

Mañana empieza octubre,
el sudor en la piel
de la que sabe
va a morir
se pone de color de otoño.
Me gusta el final de la historia.
Su voz,
habría de callar.
Desconecté la luz
caminé hasta la puerta,
fui a buscarla.

De humedades y tigres

La humedad
recorre los resquicios
paseándose feroz
por las ventanas,
calando hasta los huesos.

Adentro se transforma,
se vuelve más mejor
hace vibrar,
tensar músculo a músculo.

El tigre
que sabe que es un tigre
afila las garras contra el suelo
de su dormitorio-selva;
el ciervo
sin saber que es un ciervo
mata al tigre.

Entonces,
sumido en confusión
el administrador del parque
toma de un cajón escondido
una pistola
y se dispara
un tiro
en la sien.

La intuición más profunda.
Ser humedad o nada.

Una línea azul

Poema para Jessica y para niños.

En esa línea azul
viven seguro
las ballenas
y algunas mantarrayas;
en la línea de acá
dorada hoy
(será el atardecer)
me acabas de regresar
de golpe
a cuando niño.

Entre la línea y la línea
viven y dejan
de vivir
los sueños.

Si regresas
dentro de algunos años
tendrás que hacer
un castillo
en medio de las rocas,
sin rey
ni princesas
ni estrellas de metal.

Para que la línea azul
y la dorada
encuentren motivos
para hallarse.

En memoria
de Efraín Huerta

Al pasar hoy
enfrente de tu casa
el poste de luz
que vive en contraesquina
me sonrió;
qué terrible
que los postes de luz
te reconozcan
cuando quieres pasar
inadvertido.

Las horas que utilizo
para pensar en ti
se hacen tan grandes,
que hasta estoy pensando
en cambiarme
a una casa
con jardín...

Mi mano izquierda
a pesar del tiempo
que me llevó entrenarla,
se sigue negando
a saludar
a la derecha.

Alguien, desde algún lugar
se empeña
en echarme cubetadas de ti,
y yo,
empapado y feroz,
prosigo mi camino.

Todos los días
parecen días de San Juan.

El cigarrillo se consume
imbécilmente
al filo de la mesa.
Sigue buscando tu voz,
tu boca
tu sonrisa.
No quiere ser ceniza
si no estás.

En la sección sociales
del diario de hoy
todo es sonrisa y piel
bronceada.
El resto del periódico
se desangra en las manos.

Mi máquina de escribir
se empeña algunas veces
en poner las letras
rojinegras.
Los sindicatos
independientes
se cuelan en todos
los rincones.

Mi miedo se resiste
a salir de la casa
después de las doce
de la noche;
no sea
que se nos vuelva
calabaza
la calle.

Guía Roji

Ciudad

Para papá, que me enseñó las calles y las cosas.
Para Tío, que hizo de esta ciudad
un lugar habitable.

La ciudad ha ido
cambiando de nombre,
se ha hecho grande,
monstruosa,
interminable.

Antes se podía
—dicen—
ver de cuando en cuando
a los amigos,
sonreírle al del pan,
cambiar algunas frases
amistosas
con el fugaz lechero.

Bajar hasta la esquina caminando,
poner sobre la mesa
unas monedas
y recibir muy pronto
la cajetilla igual
de todas las mañanas,
con gesto cómplice,
musitando tal vez
un ¡gracias!
al final del ritual,
un —hasta luego—.

Antes
reconocía usted todas las calles
sabía que las putas
(por naturaleza nómadas)
se habían afincado para siempre
en la esquina de Álvaro Obregón
y Tonalá.

Que el cine Savoy (ahora recuerdo)
quedaba en el Centro,
que las nieves mejores
se repartían
entre Coyoacán
y la Condesa.

Que a las iglesias
acudían mujeres pequeñas
vestidas de negro
esperando alcanzar
un pedazo de cielo
a tiempo compartido.

Antes (dicen que vieron)
paseaba por las noches
un hombre, anciano ya,
con un manojo de rosas sucias en las manos,
esperando aquella Silvia
que se fue para siempre
con un doctor
del Paso, Texas.

Antes la ciudad terminaba,
era finita;
los lugares prohibidos
se sabían,
la mejor botana en El León,
para bailar la Guerrero,
para vivir la Roma,
para comprar Tepito;
ahora la ciudad
está siendo prohibida.

En 1946
Don Luis vio pasar
una tarde de junio
a los reyes magos
por el parque de Sullivan.

Don Luis,
junio a junio,
regresa de Tijuana
para intentar recobrar
el encanto que una mano de hierro
le ha quitado.

El parque de Sullivan
es ahora
un triste y sucio
monumento a la madre
y que tan solo fue un sueño.

Sonámbulo

A veces
en las noches
me regresa tu nombre
a la memoria.

Y me despierto
sobresaltado,
terco,
inaguantable.

Antes acaso
fuimos
menos cautos
mas dispuestos
a cualquier desenlace.

Esperábamos más
y más se nos caía
de las manos.

Ahora
el desamor
nos llena la piel,
ocupa cada trozo
del resto
de la vida.

Descubrí
por fin,
cómo acabaremos siendo
después de veinte años más.

Descubrí
el color de las sábanas
al sol,
la rotundez exacta
de tus dedos,
la violencia subida
medio tono.
La náusea.

Descubrí
también nuestro DF,
que de tanto darle
vueltas
se nos acaba de acabar
(no de otras cosas).

Descubrí hace ya un rato
que dentro de veinte años
seremos tan solo
muchísimo más viejos.

31 de mayo y unas horas

Apenas ayer
a escasos momentos
de fallecer la tarde
estaba yo
todavía prometiendo,
entretejiendo mis recuerdos
y los tuyos,
haciendo común
lo inevitable.

Haciéndonos pasar por otros
a pesar
de ser siempre
los mismos.

Apenas ayer creía que esa cosa extraña del amor
«es para siempre»,
que el arcoíris
tenía siete colores
diferentes,
que se puede
caminar tomados
de la mano.

Hoy, hace apenas unas horas,
supe que sí se puede vivir con tanta soledad.

Si de repente
tú,
al final de la cama
despertaras desnuda,
presintiendo cerca
un cuerpo conocido.

Si temblando pudieras
levantarte
y cubrirte
siquiera
por el frío, no pudor,
los genitales,
y avanzaras despacio
y sonriente
hasta donde te esperan
intacto los residuos
de la noche anterior
que tendrás que apartar
y atravesar
como si fueran selva.

Si pudiera yo
mientras sales del baño
con una toalla, secarte hasta el último
centímetro de historia.

Si de repente tú,
al filo del tiempo,
me pidieras
quedarte para siempre.

Si de repente
tu voz no se quebrara
tu sangre se agolpara
tu cuerpo lo exigiese.

Si aparecieras,
si se pudiera creer
que estás en algún lado.

Contradictorio

Me desperté la noche de ayer,
perdón,
no estaba ni siquiera dormido,
en medio de un fuego feroz
que consumía
hasta el último milímetro
de rabia;
perdón, era una llama
cursi y pequeña
que quiso llegar hasta
aquí
pero no pudo.

Me levanté asombrado
y tenaz,
perdón, allí permanecí
en el centro profundo
y total de soledad,
perdón,
no estaba ni siquiera solo
estaba su piel
haciéndome pedir
perdón
por tantos días.

Segundas proposiciones para explicar la muerte de Ana

(Sin autorización de Nicolás Guillén).

Ana
se murió el martes.
El resto de los días
se le fueron cayendo
de las manos.

La razón del equilibrio II

Qué curioso
que teniendo cerca
de treinta años
no haya
ni un solo amigo
asesinado,
ni desaparecido
ni exiliado
ni tan siquiera
lo bastante jodido
como para compadecerlo.

Qué lamentable
no tener
recuerdos viejos,
a veces ni recuerdos,
a veces
ni palabras
de consuelo.

De la función social de las gitanas

Para Imelda, por darle lógica a los sueños.

Para el Jefe, por insistir.

Para Tío, por siempre.

Autos de fe

Maldición

A Imelda.

Si yo te olvido
que se vaya contigo
mi memoria,
que las noches
se pueblen de insomnios
y lagartos.

Que mis manos
se queden congeladas,
que un terremoto
me lo quite todo.

Si yo te olvido
que todos los días
se conviertan en lunes
que no haya luz,
ni asombro
ni esperanza.

Si yo te olvido,
olvidaré también
mi nombre,
el color de mi pelo,
a leer y escribir,
a respirar.

Si yo te olvido,
que no pueda amanecer
más nunca,
que el agua se enturbie
que la vista se nuble
que el corazón se pare
y vuelva a caminar,
solo para advertirme
que no debo olvidarte.

Monzón

Hay una cierta,
inconsistente euforia
rondándome los huesos.

Una premonición
de que tu cuerpo
volverá con las lluvias.

Que no será más el mío
la llanura
donde pasten los buitres
donde haga el alacrán
su nido
donde se escondan
fugitivas serpientes.

Hay un olor de certeza
en el aire
una huella que se adelanta
siempre a nuestros pasos.
No seré más, solo si vuelves
torvo
torpe
tolvanera
y sí,
inundación, huracán, verdor
y con tu cuerpo aquí, te juro
encontraré la forma
de florecer por siempre.

Ajab

Yo era la sed
y tú pasaste a ser
todas las aguas.

Era el insomnio
y tú el mejor
de los sueños.

Era la angustia
y tú la placidez
y tú los ojos claros
y tú la extrañeza
de que pasaran todas
esas cosas.

Yo era la sombra
y tú el lugar de la luz,
yo era también
la tempestad
y tú
la tempestad
y así, con tempestades
espero que nunca
vaya a llegar la calma.

Selección natural

Para Charles Darwin.

El principio no se distinguió
precisamente
por la organización.

Vagamos interminablemente,
ciegos y hambrientos
en un mundo
burbujeante y hostil.

Dicen las malas lenguas
que un golpe de espada
nos negó para siempre
el paraíso.

El principio fue también
la confusión,
amar a otras especies,
encontrar cada rato
cosas nuevas.

La angustia se concretaba
en no poder llamar
las cosas por su nombre,
la memoria nos estaba vedada.

Entonces, en el principio
hubo unicornios
sirenas
ninfas
minotauros.

Todos ellos nacidos del mejor de los
errores posibles.

Un tiempo después,
al decidir convertirnos
en Dios,
fueron aniquilados.

Hay otra versión
de lo que fue el principio.

Un golpe de suerte,
un impecable tejido de
sucesos,
una reunión fugaz
de química, física
y casualidades.

Pero prefiero creer
que un día fuimos
despertados de un largo
e intenso sueño,
que caímos de golpe
al precipicio.

Reflejos de un mundo
sin espejos,
sonidos de la sordera,
pasos de las alas,
latidos de ningún
corazón.

Absurdos prófugos
de todos los designios.

El paraíso, aunque
usted no lo crea,
está identificado, ¡existe!
se localiza
en el *back lot*
de los Estudios Churubusco.

Salvar la distancia

Para haberte dejado de ver
te sigo viendo
en medio de este ridículo
Vesubio
en el que se ha convertido
la distancia.

Hemos quedado quietos
en la roca,
amantes separados
por azufre, granito
sulfato de zinc
y otras materias inflamables.

No hay ríos subterráneos
que nos puedan volver
a dar vida.

Con la hierba sobre
nuestras cabezas,
el cielo nunca
podrá ser tomado
por asalto.

Ahora que sé que la distancia
es una masa gris
que nos cierra los ojos,
nos tapa los oídos,
la boca, la nariz,
nos hace de piedras las entrañas.

Para no haberte visto
he descubierto
que tal vez...
solo tal vez,
la claridad que espero
esté en el fondo.

Hijo del azar

Si se trata de matar
mátame bien...
por la espalda, mujer,
que no te vea.

Porque si mis ojos
se cruzan con los tuyos
de poder pasar,
pasará seguro lo peor.

Que de pronto, así
te arrepintieses,
que pensaras
que yo
ya no era yo
y sí otros muchos
hombres distintos
al que esto escribe.

Si me vas a matar
mátame bien,
que después del golpe
no respire,
que dentro mío no haya nada
ni nadie que se mueva.

Que mi sangre vea el sol,
que mis pulmones
se sequen para siempre.
No quiero decir más,
si me vas a matar
mátame y punto.

Horas de agua

Mucho tiempo después del naufragio
allá en la alcoba
palpitante humedad
barrió con todo,
feroces aguaceros
arrastraron la cama
río abajo
y en el mar
nos perdimos para siempre.

Agua de litoral
agua de estanque
de jagüey, de pozo
de jofaina.
Agua mineral sin gas
agua bendita
agua del corazón
agua de sierra.
Agua para beber
para llover, llorar
hincar los dientes.

Hay aguas a saber
de chía
de Tehuacán,
agua brava
agua mala
agua cate
agua marina.

En las Islas Marías
aguas Revueltas
muros de agua.

Existen también aquí
las aguas importadas
las aguas de bejuco
de arroz
de Evian (lugar desconocido).

Aguas para contar las horas
hojas de agua,
niños de agua,
aguas para tapar las coladeras.

Hay agua de bahía
de remolino
aguas encabronadas
y aguas calmas.

Aguas para cubrirse la sonrisa
y aguas de bombero para
apagar incendios.
Corazones
hígados
pulmones
llenos de agua.

Aguas para perderse,
corrientes para encontrar
el rumbo,
aguas para mirar
y aguas para hartarse.

Como todos sabemos
en las playas
hay aguas que los
bronceados turistas
usan para ahogarse.

Que no haya nunca nada
que nos quite el agua,
como habrán observado
odio el fuego.

Centerfield

Para Willie Newman.

Hay soledad al final del diamante
hay un hombre que espera.
Hay luces y murmullos.

El *centerfield* mira para atrás
y piensa que tal vez
después del muro
esté la vida...

Agencia de viajes

Para Tío.

He empezado a tener nostalgia
de los lugares
que nunca he conocido.

Yo bien sé que merezco
una enorme cerveza
en el aeropuerto de Sydney,
ver pasar a las muchachas
en Belgrado,
sonreírle a un taxista
en Samarcanda.

En estos y otros sitios
deben estar pasando cosas
mientras dicto estas líneas
mientras mis ojos se cierran
con la esperanza de ver más
el Sur.

Deberíamos subir en el próximo
vuelo, caminar por Argel,
silbarle a los grajos
en los inmensos huertos de Estambul.

Salir de la Guaira
a ver el atardecer en Kiev,
a que nos lea una mano
la gitana de Postdam,
a alimentar los patos de Karachi,
a pensar que he vivido tal vez
más de la cuenta.

No me importaría volver
a los lugares que he amado
como tampoco importa
que otros, hasta ahora *affiche*
en la agencia de viajes,
visiten mis sueños
mientras duermo.

Casualidad y coincidencias

Para Juan Gelman, poeta.

Uno anda buscando intermitente
a las casualidades,
en las esquinas,
en el menor latido,
en la respiración
que siempre, y casi sin querer,
nos vaya delatando.

Uno se acerca curioso
al precipicio,
con la confianza que nos dan
dos largas alas,
escrutando el vacío,
midiendo la distancia.

Uno, que se sabe
inmortal,
puede meterse de cabeza
en las olas,
mirar de frente
los eclipses,
escribir en la arena
con la certeza
de que permanecerá.

Uno, que cree
en las casualidades,
se duerme contando
lobos
y no ovejas,
le da confianza
el viento
el agua
algunas de esas tardes que sirven
para ser olvidadas.

Uno ejercita
los bronquios
en esta bendita ciudad,
y agradece las calles
los circos
el neón
que no permite
que jamás anochezca.

Mi casa no es mi casa

Para Mely, en Pirineos.

Carezco de información
precisa sobre mi propia casa,
los objetos inmóviles
tienden a dormir un sueño de
justicia denso, empalagoso.

Cuando llego jodido, harto
de dar tumbos, de convencer
farsantes, de jugar a juglar
me miran sorprendido...

Antes siquiera de verme a mí
huelen a distancia mi olor,
adivinan muy pronto
el número exacto de cigarros
prendidos durante la batalla.

En cuanto me acuesto, los cuadros
cuchichean feroces en la sala,
cuentan mis canas, la cantidad de kilos
que me sobran, la dificultad de siglos
que me ha costado tener una respiración
carente de compás.

Inevitable aliado, el cenicero
me habla quedamente al oído, me
da el parte del día, me habla de
vecinas espléndidas que se pasean
desnudas al otro lado de fugaces cortinas
y a las que no he visto nunca.

El espejo del baño es sin duda el más
duro de todos mis amigos,
me recuerda otros tiempos,
sin temor a dudar, mucho más dulces,
cuando las sensaciones en el estómago,
en la piel, en la cabeza estaban preñadas
de súbito heroísmo.

Ya en la cama, limpio de todo mal,
con las puertas cerradas de mi casa-castillo
la almohada intenta tirarse un último rollo
sobre cómo alcanzar de lleno la felicidad;
suavemente le pido que se calle
para escuchar a gusto los ruidos de la noche
y el cadencioso ritmo con el que a mi lado
respira la mujer de mi vida.

Deudor

No ha parado de sonar
la puerta todas las mañanas.

Primero la casera, tímidamente
le dio dos toquecitos y con voz suave
me llamó tres veces por mi nombre.

Luego vino el del gas, más agresivo
puso el dedo en el timbre seis minutos
con cuarenta y nueve segundos y acabó
gritando en el pasillo ¡hijo de puta!

Los cobradores de Planeta tienen
otro estilo, parece que rasparan
la madera, intuyendo feroces
el enorme queso en el que
me he convertido.

El cartero puntual, desliza
los estados de cuenta de los bancos
sin saber que al otro lado están
a punto de alcanzar la altura
del Kilimanjaro.

El lechero tiene más carácter,
ha dejado de traer envases de cartón
y hoy estrelló dos de vidrio vacíos
en el tapete que dice «Bienvenidos».

La compañía de luz, simplemente
le metió tijera a los alambres,
sin saber que tengo todavía
una caja de velas.

Suena el teléfono y no caigo,
me lo cortaron en mayo y
de seguro es la misma voz
que insiste en que pase
«a liquidar su adeudo».

Tengo la sensación de que
en algún momento el que tocó
era un amigo, pero si abro
los tiburones ocuparán la estancia.

Sobre las dos de la tarde
escuché claramente la voz
del de la tienda y no sé qué decía
acerca de huevos, jamón y cocacolas.

Sigo sentado en la taza del baño,
con las piernas dormidas y me vale,
estoy releyendo por tercera vez el libro
de Bukowski; mientras no me acerque
a la puerta, hay esperanzas.

Noches
de no dormir

El camino de los excesos conduce
al palacio de la sabiduría.
William Blake

Regalos al suicida

Para Francisco Hernández.

He decidido regalarte
almohadas de hielo
para calmar
tu frente enfebrecida.

Un animal que hable
y te acompañe
en las noches
de insomnio.

Una pluma sin tinta
que conserve intacta
la virtud
de las hojas en blanco.

Mesas para romper
campanas que no suenen,
pájaros tristes
que solo canten
pavanas para niñas
difuntas.

Una bañera llena de agua tibia,
una navaja con nombre
y apellidos...

Cien frascos de pastillas,
una cuerda trenzada
con el pelo de la mejor
de tus novias.

Un glaciar donde
acostar la angustia,
ceniceros llenos,
una copa que sirva
para beber tu propia
sangre.

He decidido regalarte
la memoria,
la soledad,
los días más dulces,
toda la luz que tengo
en casa
para que cómodamente
en un sillón te acurruques
y te leas página a página
la vida.

La mirada del monstruo

No sé cómo soy con los ojos cerrados.
Elena Garro

Para el club de esquizofrénicos poblanos Míster Hyde.

No puedes huir, lo sabes de sobra
el monstruo te busca la mirada
entra en tus ojos, se acomoda,
se vuelve una extensión de tus pupilas.

Todas las mañanas son iguales
los párpados insomnes te llevan
al espejo,
y ahí, vive el monstruo,
te saluda
te recuerda tus males,
habla del reloj,
de algunas deudas,
de las horas que tendrás
que pasar en la oficina.

Sabe insultar el monstruo
hoy se decidió por la «i»
de imbécil, impotente, idiota,
iconoclasta.

Ayer, lo lograste engañar
tirándole una toalla
a los ojos,
para solo encontrarte de nuevo
con su rostro
en un aparador,
una ventana,
los vasos llenos de agua.

No te llamo a engaño
el monstruo es enemigo,
busca con tu reflejo
terminar de matarte.

Búfalos de Tlalpan

Para Juan, que un día, conmigo,
escuchó venir a los búfalos.

Los búfalos vendrán
en estampida,
arrancando
hasta el último
centímetro
de sueño.

Vendrán,
sabemos
sonriendo,
destrozando a su paso
semáforos,
hombres, aspersores,
mujeres, casetas telefónicas
y niños.

Con excepción expresa
—claro está—
al silencioso tipo aquel que
como apache, presintiéndolo
todo, desde la habitación 14
del Siquiátrico de Tlalpan
lleva doce años
con el oído pegado
a las losas grises
y estáticas del suelo.

Él seguramente
llegará con la cara pintada,
par de plumas
revoloteando al viento
montando en el macho mayor,
cabeza de estampida,
a terminar el pésimo trabajo
empezado por otros.

Palabra de vampiro

Para la mamá de Bram Stoker.

No acabo de cansarme
de pedirle a la noche
que vuelva,
y me traiga las alas.
Acto de contrición
sendero saludable y feroz
rutina para siempre.

Oscuridad de neón este milenio,
luz de muerte
continuidad absurda
de los días.

Odio a los científicos,
a los que no creen en mí
a los dialécticos
a los hijos de un tiempo
de dudas diferentes.
La sangre de virgen hoy
se vende embotellada.

He sido chivo expiatorio
desde que lo recuerdo,
perseguido
alumbrado,
despertado de un sueño
digno
de amanecer a ocaso.

Llevo quinientos años
harto de cruces,
tumbas,
ajos y ataúdes.

La soledad es pésima
compañera de viaje
invariablemente me miro
al espejo
y no veo a nadie.

Lo he decidido,
una estaca me espera,
ojalá que no tiemble
mi buen pulso
de siglos y llegue
sin demasiado dolor
a este buen corazón
acostumbrado
a dejar de latir.

Quepocalipsis

A Carlos, que seguramente disparará su Nikon
en el mero momento del Apocalipsis.

Recuerdo que alguna vez fui infierno,
inhabitable, incierto, imperturbable
más malo incluso
que la mejor pesadilla del más malo.

Recuerdo también que alguna vez
vagué sin rumbo
asesinando ramos de flores cursis
arrebatando corazones baratos
escupiendo a los ojos azules y sinceros,
buscando al final de los vasos
un alma que sabía perdida de antemano.

Alguna vez fui turbio, intransigente
violador de dioses menores,
profeta del desastre,
agorero de un montón de malas nuevas.

Alguna vez fui también llamado
por mi nombre
y luego lo olvidaron;
nadie se llame a engaño
no soy ángel caído
en esos tiempos,
Dios fue testigo:
todo era infierno.

Los límites de la bestia

La bestia limita al sur
con sus espaldas.
Se ha pasado la vida
recorriéndose,
intentando encontrar
espejos veloces
para verse.

Tiene una frontera
fugaz en los costados
que le impide estar
en donde quiere estar
cuando se acuesta.

Al frente tiene el mar,
no lo ve nunca,
nació
con ceguera
congénita de estirpe.

Es laberinto,
aberración plagada
de lugares comunes.

La conjura de los necios

Se empeñan algunos
en darnos malas nuevas.

Hay un aire en el aire
que presagia
un tiempo sin duda peor
al que vivimos.

Hay un sangrente afán
por hacernos perder
el equilibrio.

Hay una conjura vil,
de necios.

Desatadores de veneno,
hijos del mal
angustiados fantasmas
de la revolución industrial
que destrozan
abrazos, besos,
orgasmos placenteros.

Mas no está valiendo
buscar cuchillos
en los sueños,
meterle voluntad,
amarse hasta los dientes.

Y por nada del mundo permitir
que nos quiten la noche.

Las buenas intenciones

Tiene una cierta gracia
eso de caer y levantarse.

Tiene una lógica incierta,
desmesurada
cruel y cotidiana.

Desde que te marchaste
tengo el sabor a sangre
entre los labios,
un huracán metido
en la cabeza,
una electricidad
que se ha quedado
a vivir
entre pecho y espalda.

Tiene su gracia despertar
en el infierno,
ver cómo arde la nieve
cómo palpitan
las heridas
de muerte.

Tiempo compartido

Hoy fui víctima
de una lucidez feroz.

Al levantarme
vi por la ventana
una ciudad gris,
oscura
tambaleante.

No hay agua en el baño
se me olvidó pagar el gas
la luz fue cortada
a finales de junio,
una mujer se marchó
con la cama.

Siempre que el teléfono
suena están equivocados.

Toso, me duelen los pies
las manos,
la sonrisa,
me voy a acostar
en el suelo
a ver si sueño.

Sombras nada más

Hoy he invertido parte del día
(de once a dos, por ser preciso)
en discutir seriamente con mi sombra.

Me dijo, no soy yo
la que te viene siguiendo.

Sé que me miente, nunca la elegí
de compañera
ni le invité un helado
ni mucho menos le propuse cosas.

Ella cree que yo creo que me sigue.

A todo esto, mi psicoanalista dice
que él cree que yo creo que mi sombra
me sigue
solo a veces,
cuando soy más depresivo que maniaco.

Una amiga dice (porque lo vio en la tele)
que cree que yo creo que mi sombra
me sigue
porque de niño mi madre me besaba poco.

Mi mujer piensa que yo sigo a mi sombra
(va más con mi carácter) por haber leído
en un mes casi treinta novelas policiacas.

Un productor de comerciales
dice que solo salga de casa
a las doce del día, porque con luz cenital
es fácil pisar tu sombra y destruirla.

Para dejarlo claro,
yo estoy seguro que me sigue,
pero a partir de hoy, la ignoro,
se lo dije.

Amar a mar

Vamos al mar, porque en la tierra no hay justicia.

Ignacio Trejo Fuentes

Mamá se llamaba Andrea Doria
y a papá, los amigos le decían
Magallanes.

Somos los hijos menores
del desastre,
siempre andamos
buscando naufragios,
interminables lluvias
violentos huracanes
donde apostar el alma.

Odiamos el Caribe, sus lentas
y tontas aguas.

Preferimos los mares del Norte;
que las olas nos cubran
que la niebla nos quite la visión
que los tiburones ronden y
sonrían.

Estamos orgullosos de los barcos
con las velas parchadas,
sin brújula,
que se dedican a perder el rumbo.

Los salvavidas son cosas de cobardes,
nos gustan los camarotes sin puertas,
puentes de mando con timón roto,
proa y popas confusas,
anclas que se disuelvan en el agua.

Hemos sobrevivido,
algún día nuestros huesos
reposarán tranquilos
en el fondo del mar...

Corazones cercanos

Dejadme morir un poco.
Pedro Garfias

Garfias

En Monterrey durante el verano
se alcanzan 40 grados
a la sombra.

Pedro Garfias baja la cabeza
y frente a él, un mar
de vasos vacíos lo reclama.

España sigue siendo
esa cruel pesadilla,
ese ondear de banderas,
esa piedra pequeña
y puntiaguda
metida en lo más hondo
del zapato.

En Monterrey o en el infierno
es imposible escribir poesía...
las gotas de sudor corren tinta
el papel se deshace
las ideas tienden a morirse
de sed en las esquinas.

Garfias piensa una copa,
piensa en Luis, en León,
en el aire marino del Sinaia,
levanta la cabeza
un gorrión se ha estrellado
en la ventana.

Garfias piensa otra copa,
baja la cabeza,
la cuartilla en blanco
se va llenando de agua.

Pablo de Rokha

Si te toca ser poeta chileno
en tiempos de Neruda,
la tienes irremediable,
indefectible
insoportable
jodida de a de veras.

Tardarán enormidades tus textos
en poder ver la luz,
los críticos te mirarán
de reojo,
te dirán que eres un buen chico,
con futuro.

Pero tú sabes bien
que todo es imposible
que el pedestal glorioso
es también la sombra larga.

Pero es probable,
muy probable
que veinte años después
encuentre una muchacha
en un polvoriento estante
un libro tuyo
y llore contigo
en un parque tomado
por las bestias.

Concha Urquiza

Sueñas el mar
lamiéndote el asombro,
sueñas la brisa
jugando con tu falda,
sueñas la espuma
vencedora
que habrá de redimirte.

Te gritan
¡Concha!
y te levantas aturdida
somnolienta
con el mar todavía entre los dedos.

Vas hacia el espejo
y no hay pelo
ni manos
ni sonrisas.

Hay una soledad inmensa
entre el cristal y tú
y lo que esperas.

Gritan escaleras abajo
¡Concha!
y tú decides
deshacerte en suspiros
en cúspides
liquideces del agua
nombres extraños
anécdotas y faros.

Gritan de nuevo
¡Concha!
pero ya no los oyes
te has marchado.

Un delfín a tu izquierda
hace cabriolas
te vuelves ancha, Concha,
amplia
larga,
interminable mar.

Qué más da que te griten,
una profunda paz
te invade
desde la profundidad
del Golfo.

Gabriel Celaya

Miro ese muro
y recuerdo a Celaya,
parvadas de halcones
oscurecen la tarde.

La memoria es esa cosa
indefinible, sucia,
gris, aterradora.

El muro me mira ahora
me sonrojo
y recuerdo otra mirada.

Celaya se nos fue
casi sin avisar,
entonces descubro
el muro de Celaya
lleno de miradas.

César Vallejo

César, toma un heraldo rojo
y mándanos desde donde
te encuentres
noticias que nos devuelvan
el aliento.

Toma esa luz, júntala
con los sueños
y cuéntanos la fórmula
con la que se pueden
volver ciertos.

Toma la soledad, las noches en vela
los fantasmas, algún atardecer
de aquellos que te sobren
y envíalo todo por cobrar
que aquí te pagaremos.

César, de menos una señal
te pido
una pequeña, mínima muestra
de que sigue tu corazón
latiendo entre nosotros.

¡Coño, César!, no nos abandones
a este imbécil destino,
que pronto pase algo
que alguien nos explique.

Sé bueno, César,
devuélvenos el pulso
danos la claridad
impide de alguna forma
que vuelvan a caer
las tinieblas.

Ángel y Luis

Son pasadas las dos de la mañana
en el piso de abajo
Camarón de la Isla
va por soleares.

Tengo examen de química
y ni idea.

Los habituales sueños
van a la deriva
en un mar de morenas y tablados,
descifro palabras sueltas
al azar,
rítmica
métrica
cuarteta
soneto.

Góngora, Lope
y más de diez veces Quevedo.

Ángel y Luis
asesinaron sin piedad
la tercera botella
de Jack Daniels,
y estoy seguro
que ahora están más lúcidos
que nunca.

Me visto, bajo,
la química puede esperarme
para siempre.

Caricias y bofetadas

Apuntes del destierro

Para los Pino, ellos saben por qué.

En el avión, las azafatas
sin saber por qué
están sonriendo,
entregas el pase de abordar
te ajustas el cinturón
no quieres ver por la ventana.

Uno se levanta una mañana y piensa
no te inquietes, este lugar
jamás fue tuyo.

Uno no sabe bien de dónde
vino todo,
¿quién inventó la fuente?
¿de dónde vino la plaza?
¿quién trazó tan mal ese paseo?

En el centro del huracán
te encuentras de repente
no hay puertas para salir
hay ventanas
y embajadas.

Y saltas
sabiendo que saltas
un poco hacia la vida.

Desde el avión
miras el cielo,
todo el cielo
afortunadamente
es muy igual.

Uno no puede pasarse
la vida extrañando las nubes.

Se quedaron detrás
algunos edificios que quisiste,
una playa de piedras,
un bar.

Pero jamás la patria.

Se ha apagado la luz
de «no fumar»
bajas la vista al libro
piensas;
todo el cielo es igual
¡que viva el cielo!

Los hijos del relámpago

Este, para la banda.

En esta ciudad
uno aprende
a vivir sin miedo
o solo reflejado
a veces
por un mínimo temblor.

Un solo grito
que cuenta lo que hay
dentro de ti
y que te mata.

Sabes por instinto
el momento preciso
en que la carga de la policía
vendrá hacia ti.

Hay un olor en la tarde
que delata
el instante en que el cuchillo
puede desgarrar
las costillas.

Sabes cuándo soltar el fierro,
encender la mecha,
dar el grito de advertencia
o auxilio.

Conoces palmo a palmo
tu colonia,
tu barrio,
los lugares seguros
las sombras más fieles
los tubos más oscuros.

Lugares de ardor
calor o compañía.

Ya se está preparando
la nueva noche de los
cuchillos largos.

La oscuridad que llegará
cualquiera de estos
mediodías, vengadora.

En esta ciudad,
hay cientos de espinas
que habrán de desclavarse,
nos falta la visión,
el que junte las piezas
el que venga a develar
tanto enorme misterio.

De la función social
de las gitanas

La poesía no es de quien la escribe,
es de quien la necesita...
Antonio Skármeta

I
Las gitanas, como todos
sabemos,
sirven para asustar
a los niños pequeños,
para leer los mapas
de las manos,
para cerrarnos el paso
en una esquina
y obligarnos a oír
de qué están hechos
los sueños.

Las gitanas son seres
luminosos
que se visten con trozos
de colores,
se cuelgan piezas de oro,
usan zapatos altos
y ahuyentan el mal fario
con pañuelos de seda
que les cubren el pelo.

Las gitanas de noche
alimentan al oso,
meten los pies
en agua con sal
y azahares,
lloran junto a la estufa
al recordar que nunca
un trozo de tierra
ha merecido ser
llamado patria.

II
Las gitanas desempolvan
el viento
y acuclilladas,
se ponen a escuchar
las noticias que les traen
de otros
que están lejos.

Saben que no se puede leer nada al fondo
de una taza,
beben café
para evitar dormir
y que no las sorprenda
de noche
el enemigo.

Las gitanas sospechan
de los rubios,
de los que nunca pueden
con un gesto
avalar su presencia.

Caminan sobre pieles,
encienden las luces
para hacer el amor,
nunca dicen mentiras
a sus hijos.

Cocinan en grandes cacerolas
azules y aliñan
el conejo con romero
y albahaca
mientras desgranan lentamente
un montón de coplas
con acentos morunos
que hablan de princesas tristes,
de noches de arena
y de castillos sin almenas
ni guardias...

Guardan sus cartas
de espadas ajadas
en lugares secretos,
y miran fijamente
a las reinas
para que no se conviertan en
rivales terribles,
acarician la sota mientras recitan
una larga jaculatoria con
trinos de pantera
que habla de fidelidades
y distancias.

III

Las gitanas saben
combinar los aromas
que encierra la tormenta,
predicen los desastres,
devuelven la virtud
de algunas novias.

Las gitanas confiesan
a gritos sus pecados,
le hablan de tú a la lluvia
y tienen un finísimo oído
para escuchar los pasos
de cualquier policía.

Las gitanas hacen brebajes
con palo de rosa,
esencia de macadamia,
corazones de olivo,
sangre de tulipán,
agua de roca.
Lo mezclan todo
y después se lo untan
en las sienes
para adivinar
el futuro.

IV
Las gitanas repasan los libros
con las yemas buscando siempre
la real intención,
el mensaje escondido.

Llenan las habitaciones
de jazmines
y masturban
con los pies a sus amantes
gentiles, mientras cantan
lúbricas tonadas que
inevitables
surgen de la noche de los tiempos.

Se burlan de la ciencia
y guardan en el pecho
un ojo de venado
que las libra siempre
de los males.

Las gitanas se vuelven
cotidianas,
hablan muy alto
y un buen día
se suben con sus hombres
en un coche, se ciñen muy justos
los pañuelos, hacen dormir los lobos,
dan de beber a los niños infusiones
de hojas de naranjo
y dejan tatuado
su aroma y su recuerdo
en el centro mismo de tu alma.

Probabilidades

Ninguno de los dos lo sabe aún
pero si ella mira hacia aquí
justo ahora
es muy probable
que su mirada se cruce con la de él.

Es muy probable que se incorpore (él)
vaya a su mesa
le invite una copa
y que con una sonrisa se presente.

Es muy probable que ella acepte
y baile, y se cuenten si
estudian o trabajan.

Es muy probable que llueva, y él
le ofrezca el coche para llevarla
a casa,
tal vez al llegar
se den un beso fugaz en la mejilla.

Es muy probable que el resto de la noche
ella medite lo que le gusta de él
y sueñe con sus ojos.

Él, desde su propia cama, hará lo mismo
y soñará con el pelo, falda azul,
nariz afilada
la de ella.

Es muy probable que el día siguiente
sea domingo
que ella camine por la calle
y él la encuentre.

Que vayan a comer,
se cuenten cosas,
que al final con cierta
timidez
se digan que se gustan.

Es muy probable que él le invite un café
en su departamento,
que el resto de la tarde
escuchen viejos discos
que por la ventana de la ciudad
se haga de noche.

Es muy probable que hagan el amor
que las manos de él recorran espacios
su espalda (la de ella)
que se queden dormidos abrazados.

       Es muy probable que luego él
       la lleve a casa de sus padres,
       que ella conozca a la familia
       acaricie al perro, a un sobrino,
       que mire los libros de la sala.

          Es muy probable que decidan ser novios
          que a partir de entonces
          la vida se transforme
          y se den en sucesión inmensa
          cines, bares, días de campo.

Es muy probable que se casen
que renten en el sur
dos recámaras, baño, patio de servicio
un refrigerador General Electric.

       Es muy probable que la casa se llene de gritos
       y que comience el infierno con el desayuno.

Ella se pondrá gorda
él se emborrachará
con sinigual destreza
los jueves, viernes y domingos.

Pronto, él ya no vendrá a dormir
ella cierra puertas y ventanas
con candados.

Es muy probable que le pida el divorcio,
que se marche a vivir con otra gente,
que no se quieran ver ni en foto.

Es muy probable que él beba de más
suba en un coche
y el ministerio público dé fe de sus huesos,
gran rompecabezas,
en calzada de Tlalpan.

Es muy probable que ella
empaque cuatro cosas
se suba un día a un camión
y se vaya a un pueblo
de la costa.

Pero nada ha pasado todavía,
tal vez no pase nunca.

Es muy probable que si no se miran,
ahora, en este mismo instante,
pase un mesero
ella entre al baño
él se acode en el bar.
Es muy probable...

Certezas

La certeza reside
en levantarse temprano
una mañana
y observar
que no ha cambiado nada.

Que la vida es impermeable
a la angustia
y que cualquier dolor
puede cambiarse
como en juego de cartas
en el último instante.

La certeza reside
en concluir la noche
sin esperar,
sin concretar del todo
la costumbre del sueño,
en ponerse la piel
del abandono,
ahogar en ríos de luz
todos los barcos
y no volver a hollar
con nuestras penas
ninguna tierra firme.

Sabores

Donde hay gastronomía no puede haber piedad.

Hannibal Lecter

Si te pones a pensarlo bien,
no importa demasiado
qué contenga las latas,
ni tan siquiera
su fecha de caducidad,
impresa generalmente
en el fondo.

Se trata de que ella
rubia, inalcanzable,
profesora de latín,
se corte ligeramente
el índice,
sangre.

Se trata, sin lugar a duda,
de, muy despacio, sorberle
las gotas escarlata
que fluyan de la herida.

Después pueden cenar.

Y en una de esas
vivir los dos juntos
para siempre.

POEMAS SUELTOS

Elegía de flor y para Imelda

Por el resto de los sueños, y con todo mi amor.

Me he dado cuenta que hay
flores diferentes.
Flores de amor
y flores de deseo,
flores de funeral,
de nacimiento,
de madre, virgen,
enfermo y nombramiento.

Flores para los celos,
la venganza,
las últimas preguntas;
flores del enemigo
del vecino
del incondicional,
y flores del desierto.

Hay flores de nube
con un rosa al centro,
que se dan una vez,
flores del corazón,
del mejor
de todos los alientos.

Más poemínimos

Este monólogo de jazz
que espero verse convertir
en algo diferente.
De homicida a suicida
puedo ser también
a veces primavera.

Plagado de lugares comunes
vivo, acorralado
por mis sueños.

Al fondo del local,
en una mesa,
se defiende feroz
un cuerpo enamorado.

Descubrimiento último

Mi máquina
de escribir
se empeña
a veces
en escribir
en rojo y negro.

Los sindicatos
independientes
se cuelan
en todos los rincones.

Las horas que utilizo
para pensar en ti
se están haciendo tan grandes
que hasta estoy pensando
en cambiarme
a una casa con jardín.

Tengo la rabia guardada
en el armario desde hace
ya doscientos días.

Hoy, al buscar un pantalón
azul, me encontré
a la rabia
ensimismada en su nostalgia.

Amor

Se trata pues,
de darle por su lado a la vida,
argumentarle, hablarle fuerte
para conjurar de una vez
a todos los demonios.

Se trata de quitar
muleta al equilibrio,
construir tomados de la mano,
ser para siempre,
con la confianza puesta en eso que se ve
con la mano como visera ante los ojos
mucho más allá de la apariencia.

Se trata de abrir mi corazón maltrecho
para ofrecértelo como un
bien montado sacrificio azteca
y que solo pueda latir
puesto en tus manos.

Se trata de ofrecer mi muy renqueante
aliento
y que solo siga los instintos que
dicte tu compás.

Se trata de poner a tus pies mi alma
para hacerla inmortal, para
quitarle fecha de caducidad.

Se trata de ser dos, ser uno mismo,
ser a costa de todo y pese a todo,
se trata simplemente de llevar el amor
hasta sus últimas y bellas consecuencias.

O lo que es lo mismo
¡Te amo!

Para siempre

y para siempre

estaremos aquí,

indestructibles.

Sin título

I
Eso de vivir a tientas,
sin saber cuándo se es
hondonada,
volcán,
serpiente o
mariposa.

Eso de usar un único bastón
que sirve igual
para guiar
o destruir
o hacernos
inmortales.

Es saber amanecerse
en playas diferentes,
poder sacar una pulgada
de sol de cualquier lado,
ser mago de palabras
lúdicas o lúbricas
o impúdicas.

Yo

Cualquier atardecer
sirve de sombra,
cualquier amanecer
de despertarse solo, con la mitad
de la cama vacía.

Cualquier ola mayor
de siete metros
sirve para morirse,
igual que los acantilados,
igual que los aviones.

Cualquier ciudad sin ti
me da lo mismo,
ya sea París,
Argel,
Puerto Vallarta.

Sobrevivo sin ti,
pero solo por ti
voy caminando.

2

Tengo un amigo
que no puede
estar nunca
en ningún lado.

Odia los espejos,
espera los
eclipses para
no salir en las fotos.

Se aburre
inevitablemente,
se abofetea los
viernes,
marca número tras
número
buscándose.

Hace equilibrios
de lunes a jueves,
despierta va,
y se arrepiente
siempre.

3
Conocí una mujer a
la que luego le daba por
explicarme los poemas
que escribo.

Que siempre se sabía
el final de todas
las películas,
que nunca aplaudió
antes del cuarto
movimiento.

Que se conserva, hasta hoy
intacta de los sueños...
Pone el cuchillo
al lado derecho de la mesa,
siempre cierra el tubo
de la pasta de dientes,
jala la cadena,
dobla cuidadosamente
sus camisas de seda.

No sabe decir malas palabras
se sienta con las piernas cruzadas,
pone la aceituna
después de haber agitado
los martinis.

Conocí una mujer que me quitó
durante mucho tiempo
el hambre,
la sed,
las esperanzas.
Sería incapaz de sorprenderme.
He dejado de amarla.

4
Está lloviendo a mares
y apenas es lunes,
de las alturas de Tizapán
baja un entierro.

Hasta adelante, el muerto
seguro no sonríe a pesar del sol
y la tambora.

Estoy en el piso diez
de un edificio,
espero que el dolor en el brazo
sea presagio de reuma
y no de infarto.

La mujer que amo
se fue a Guatemala.

Quiero llorar
y veo que al final del cortejo
una niña pequeña
va brincando en los charcos
repleta de luz.

Me arrepiento de todos mis pecados
y desde la soledad de mi ventana
aplaudo hasta que pasan.

5
La Soledad y la Nada
son hermanas
que pueden beber
del mismo vaso.

Son una caricia
huida alguna tarde
por cualquier ventana.

Son la espuma feroz
ahora reseca;
corazón abrumado
de nostalgia,
navío de vela
semihundido,
roca volviéndose
polvo
o espera
o saltador de mareas
crucificador de soles
agorero de un tiempo
mejor
que no vendrá.

La soledad y yo
somos amigos,
y se duerme en mi cama,
y me acompaña precoz
durante el día.

La soledad sonríe
a veces, como
«un golpe helado,
un hachazo
invisible y homicida,
un empujón brutal»,
como dijera Hernández.

E invariablemente termina
hablándome de tú,
encendiendo mi cigarro,
ayudándome a peinar
las canas.

6
Uno tiene que
acostumbrarse
a vivir con lo que lleva puesto.

A poder saltar desde cualquier ventana
esperando que solo el aire te sostenga.

A confiar en que los autos tendrán
que detenerse
a unos centímetros del cuerpo.

A conciliar el sueño.

A cambiarse la cara sin cortarnos
todos los días y frente al espejo
con la navaja afilada de
nuestro oscuro tiempo.

Uno tiene por fuerza que aprender
a acomodar la soledad en el cuerpo
a no hacerle gestos a la sangre.
Uno tiene que acostumbrarse
a vivir con lo que lleva puesto.

7

Ha sido sin duda mala suerte,
el no encontrarte en esta vastedad
de sábanas blancas que huelen
a cigarro.

Ha sido una certeza el que no estés,
una premonición,
un sueño
ha sido casi adivinanza.

Una pareja discute a voz en grito
casi de madrugada, tras el muro,
se dicen cosas que no logro entender
un fragor de cristales
un sordo terremoto
un beso que estalla en ningún sitio.

Ha empezado a llover
presagio de que no vendrás,
en tu cama, mujer,
seguro nunca llueve.

8

Yo quisiera dormir
como tú duermes,
sin altibajos,
pesadillas,
sueños malignos, que te
hacen despertar.

Yo quisiera roncar
como tú roncas,
adormidera,
tilo,
pasiflora,
suave gemido,
agotado latir
sangre que sangra.

Yo quisiera una noche
de tus noches
una pupila
al fin
que se
haga día,
un latir
de estrella
de oscuridad,
y a lo mejor,
tal vez,
tal vez,
la misma oscuridad
que libre el día.

9

Hoy atardeció
de una manera gloriosa,
primero el sol
se escondió entre las ramas
de los más bajos árboles,
después el viento se acunó en
mi almohada.
Todo el color y la luz
recortándose me hicieron
abrir muy abiertos los ojos.

El atardecer de hoy
y yo hicimos un pacto
la próxima vez que se decida
a venir
me avisará con tiempo,
para yo, recogerte en tu casa
e invitarte a vivirlo.

10

Hay muchos lugares
donde dejamos cosas,
y ahora a la distancia
recordamos
con una mezcla extraña
de desconcierto
e ira
con certidumbre de
que alguna vez
no nos tuvimos,
que recorrimos parte del camino
con la vista extraviada
intentando encontrar
en el tumulto
alguna señal
o un rastro
para sentirse cerca.

A siete meses exactos
de que el tiempo
empezó a convertirse
en remolino
me acuerdo a veces
cuando niño
inventándome nombres
para llamar de alguna manera
más precisa
al amor que tendría que llegar
y que llegó, y que muy lentamente
se está quedando para siempre.

Cuando empezamos

Para Imelda, compañera, mujer,
sorprendente y siempre llena
de sonrisas.

Cuando empezamos
a vivir el día,
desnudo yo, cargado
como siempre
de horizontes inciertos,
desnuda tú,
cargada de palomas, flores,
un cierto rocío que cae
desde tu frente limpia.

Decía que cuando empezamos
a vivir el día,
tus ojos claros, dos,
enormes y magníficos
me miran asombrados,
pidiéndome respuestas
a preguntas no escritas.

Pasan frente a mis ojos (sin duda más pequeños e inútiles)
para perderse equívocos en playas,
trópicos donde la luz es clara.

Quería decir y no he podido, que cuando
empezamos a vivir el día,
me sorprendo
igual que tú de que pasen en poco tiempo
tantas cosas.
El huracán se junta
con abismos;
que desde los árboles las
frutas estallan en ritmos y batallas
que el agua emborracha como nunca,
que la soledad definitivamente ha muerto
que desde tu piel se puede llegar a
la locura...

En fin, quise decir que
cuando empezamos
a vivir el día,
cómplices, risueños
descalzos,
se puede sin duda
escapar de la muerte.

No beber nunca más sangre
no apuntar en el blanco,
no herir a nadie
y sí dejar que el mar lo llene todo
y hacernos el amor,
contarnos cuentos,
oír lejanos los ruidos de la calle.

Tengo la impresión de que,
cuando empezamos
a vivir el día,
me revuelco con tal de no dejarnos.
Vuelvo desde el insomnio
al mejor de los sueños.

Delirium tremens

Me sorprendo al ver brotar
sangre de mis manos,
por no matarme a mí,
quise matar la puerta de la casa.

Empapado en sudor
no sé ni lo que digo,
gira la cabeza, las ideas,
una angustia brutal
no me deja ver
a más de cuatro metros.

Recorro con la vista
el panorama
y no me gusta...

Un libro roto
cortinas arrancadas
rojo que firma en las paredes.

Llevo un tiempo interminable
bebiendo y viviendo
de esta forma.

Buenas tardes,
acabo de llegar del infierno,
una leve sonrisa
me mira en el espejo,
por fin, después de tanto
fondo
he decidido levantarme.

¡Cómo nos vamos a paraíso!

Y así vamos
heredando
ausencias
que no nos
pertenecen.

Que nunca
fueron nuestras,
que siempre
dolieron
con una
mezcla
de espanto
y de penumbra.

Nos vamos
prestando
sensaciones
nuevas;
intercambiando
amor
unos con otros
repartiendo
principios
por todos
los rincones.

    Nos vamos
    acomodando
    a un sueño.

        Nos vamos
        arrepintiendo
        a veces.

           A veces
           nos callamos
           siempre.

La noche de la iguana

Nos gusta
ignorar
a los muertos;
como si nunca hubieran
existido.

Lo único
que no
te perdono
es que te vayas.

No se puede creer
que a la gente
le da
inevitablemente
por dejar de estar aquí
por siempre.

El primer final

Descubrió
al fin
que
nunca
había sentido
odio,
por odiar
a todo el mundo.

Asistió
a un mitin,
dos marchas,
tres procesos,
un sinfín
de masacres,
le dio
por llorar
como al principio,
y lloró
y lloró
y se hizo viejo.

Receta para la buenaventura

Para Imelda.

Tómate tiempo un día cualquiera
ponte esa camisa azul
los pantalones grises
y llénate la esperanza
de puras buenas nuevas.

No hay forma de que algo salga mal,
no tengas miedo.
Que te invite un amigo a comer
a una casa de campo,
que invite también a otros amigos.
Ponte bajo el brazo una botella
hojas de hierbabuena
una bolsa de hielo.

En cuanto entres, dile a la mujer
que tienes a tu lado
que nunca habías visto unos ojos
como esos.
Que nunca habías presentido
tan de mañana un sueño.
Que nunca se te hubiera ocurrido
mirar tan alto un sábado.
Que nunca habías respirado tanto
en tan poco tiempo.

Luego, invítala a volar.
Nada puede salir mal, es una receta
infalible para la buenaventura.
Llevo desde entonces tu piel
pegada a mi piel,
tu sonrisa en mi aliento,
tu brazo con mi brazo.

No se llama destino,
se llama voluntad,
se llama
corazón que ofrecer.

Habría que ir al mar

Habría que ir al mar,
habría que inventar
una palabra nueva
para amar.

Habría que sentir
cómo recomenzar
los días de aguacero
para amar.

Habría que cambiar,
habría que moldear
los cientos de horizontes
para amar.

Habría que pensar
cómo tendrían que ser
las calles y las plazas
para amar.

Habría que quemar
las naves y los puertos
para amar.

Habría que mentir,
habría que matar
si es necesario
para amar.

Eudemonía

La busco
en los cajones,
el armario,
la bodega,
escondida en las macetas del patio.

La busco en las sonrisas de
los niños,
el petricor que trae el viento
de después de la lluvia.

La busco en el periódico,
la radio,
el cine,
la televisión.

La encuentro sin buscar
dentro de mí.
Está siempre presente.

A los sobrinos y ahijados, todos.

Hay días
que nada se repite.
Ni el sol arriba en el cielo
ni los charcos de lluvia
en la banqueta
ni la rama del árbol
que ayer y anteayer
se había movido
un ápice.

Hay días
que parecen salir
de otro lugar;
en lo más profundo de
mi febril cabeza;
listos para sorprenderme
como conejos de mago
multiplicándose
desde la chistera.

Días que atesoro,
guardo,
etiqueto
cuidadosamente
para que
jamás se olviden.

Vino una ola

No sé de cierto si los recuerdos prescriben igual que
    los delitos.
Mis padres ya no están y, sin embargo,
camino ahora mismo tomado de sus manos
una de cada por el Muro hasta el Piles, ida y vuelta.
Yo nací en México, Distrito Federal, allende el mar
al otro lado del mundo, pero tengo el sabor de las
    sardinas,
los cortes de nata, el bonito con tomate
en lo más profundo de la lengua y la memoria.
Eso, la memoria.
Vino una ola y llevola.

En el año 76 besé a una chica en la boca en El
    Jardín.
—¿Existe todavía? —mientras Danny Daniel
    contaba y cantaba mariposas.
Metí los pies al mar, el cuerpo entero, azul, yo,
el Cantábrico impasible y feroz (contradictorio),
ante mis ojos cargados con asombro.

A las diez de la noche era de día y no me cabía en
    la cabeza
las sábanas mojadas, que alguien me lo explique.
Perritos de los Vikingos, la estatua de Fleming,
    santo laico.
Eso, eso, la memoria... Vino una ola y llevola.

Aquí todo es mayúsculo: una Escalerona, un
    Molinón,
un hombrón con un camisón que a los neños lleva.
Un corazón tan grande que no cabe en ningún
    pecho.
Me han dicho que sea, en la medida de lo posible,
políticamente correcto y que no llame el water de
    King Kong
al water de King Kong.
Ni la Lloca del Rinconín, un diminutivo por fin,
a «La madre del emigrante», que es la mía al fin y
    al cabo.
Soy de aquí, aquí bulle mi sangre
y el asturiano que llevo dentro no sabe gobernarse.
Pero también soy de allá, de donde los mangos,
los flamboyanes, el agua tibia del Pacífico
y el mexicano que soy no quiere gobernarse.
Cierro los ojos. Eso, la memoria.
Vino una ola y llevola.

Camino por el muro cogiendo la mano de mis
    padres,
una de cada. Respiro hondo, lento, profundo,
lleno de lo que soy, lleno de los que soy, suspiro.
No habrá ola, por grande que sea, que se lleve esas
    manos
que me han construido, que nacieron aquí,
que siento ahora mismo cogiendo las mías,
llevándome hasta el Piles, de ida y vuelta.
Eso, la memoria. Solo eso. Digo.

Giordano Bruno
(1548-1600)

Tener razón
pica en la garganta
nubla la vista,
quema las plantas
de los pies.

En el Campo de Flores
la multitud, sin pizca
de recato, come manzanas,
jalea
se apeñusca
buscando ver de cerca
al condenado.

Tener razón
sin duda duele.
Y no hay al final
ni el más mínimo atisbo
de aleteos de ángeles
que suelten las amarras.

En el Campo de Flores
los pétalos brillan
por su ausencia.

El hombre
desmadejado, roto
lleno de sí mismo,
ha perdido
hasta la última letra
de esperanza.

Tener razón
es estar equivocado
(a menos que seas salamandra).

En el Campo de Flores
el humo
denso, acre, negro,
obliga a que la noche
caiga como un golpe.

Al centro de la plaza
un resplandor maldito
ilumina sin quererlo
todo.

Tener razón es
no tenerla nunca.

Al final
acabaremos
todos
junto a Giordano Bruno
en el centro mismo de la
hoguera.

Pavesas en al aire
ascuas
escoria
cenizas
polvo
y por fin,
solo
por tener razón
seremos hombres.

Índice